2021 年 3 月 5 日，第十三屆全國人民代表大會第四次會議在北京人民大會堂開幕。國務院總理李克強作政府工作報告。

圖解 2021 中國「政府工作報告」

目　錄
CONTENTS

政 府 工 作 報 告

——2021 年 3 月 5 日在第十三屆全國人民
代表大會第四次會議上

國務院總理　李克強

各位代表：

現在，我代表國務院，向大會報告政府工作，請予審
議，並請全國政協委員提出意見。

一、2020 年工作回顧

過去一年，在新中國歷史上極
不平凡。面對突如其來的新冠肺炎
疫情、世界經濟深度衰退等多重嚴
重衝擊，在以習近平同志為核心的
黨中央堅強領導下，全國各族人民

習近平等中國
共產黨和國家
領導人出席開
幕式

李克強離席
作政府工作
報告

1

2020 年，習近平這樣引領中國

全國抗擊新冠肺炎疫情表彰大會在京隆重舉行

頑強拚搏，疫情防控取得重大戰略成果，在全球主要經濟體中唯一實現經濟正增長，脫貧攻堅戰取得全面勝利，決勝全面建成小康社會取得決定性成就，交出一份人民滿意、世界矚目、可以載入史冊的答卷。全年發展主要目標任務較好完成，我國改革開放和社會主義現代化建設又取得新的重大進展。

在艱辛的抗疫歷程中，黨中央始終堅持人民至上、生命至上，習近平總書記親自指揮、親自部署，各方面持續努力，不斷鞏固防控成果。我們針對疫情形勢變化，及時調整防控策略，健全常態化防控機制，有效處置局部地區聚集性疫情，最大限度保護了人民生命安全和身體健康，為恢復生產生活秩序創造必要條件。

一年來，我們貫徹黨中央決策部署，統籌推進疫情防控和經濟社會發展，主要做了以下工作。

一是圍繞市場主體的急需制定和實施宏觀政策，穩住了經濟基本盤。面對歷史罕見的衝擊，我們在「六穩」工作基礎上，明確提出「六保」任務，特別是保就業保民生保市場主體，以保促穩、穩中求進。立足國情實際，既及時果斷又保持定力，堅持不搞「大水漫灌」，科學把

〔名詞解釋〕

"六穩"、"六保"

"六穩",即穩就業、穩金融、穩外貿、穩外資、穩投資、穩預期。"六保",即保居民就業、保基本民生、保市場主體、保糧食能源安全、保產業鏈供應鏈穩定、保基層運轉。"六穩"和"六保"彼此聯繫,只有全面落實好"六保",才能實現"六穩",也才能穩住中國經濟這個大局,實現穩中求進。

握規模性政策的平衡點。注重用改革和創新辦法,助企紓困和激發活力並舉,幫助受衝擊最直接且量大面廣的中小微企業和個體工商戶渡難關。實施階段性大規模減稅降費,與制度性安排相結合,全年為市場主體減負超過 2.6萬億元,其中減免社保費 1.7 萬億元。創新宏觀政策實施方式,對新增 2 萬億元中央財政資金建立直達機制,省級財政加大資金下沉力度,共同為市縣基層落實惠企利民政策及時補充財力。支持銀行定向增加貸款並降低利率水平,對中小微企業貸款延期還本付息,大型商業銀行普惠小微企業貸款增長 50% 以上,金融系統向實體經濟讓利 1.5 萬億元。對大企業復工復產加強「點對點」服務。經過艱苦努力,我們率先實現復工復產,經濟恢復好於預期,全年國內生產總值增長 2.3%,宏觀調控積累了新的經驗,以合理代價取得較大成效。

二是優先穩就業保民生,人民生活得到切實保障。就

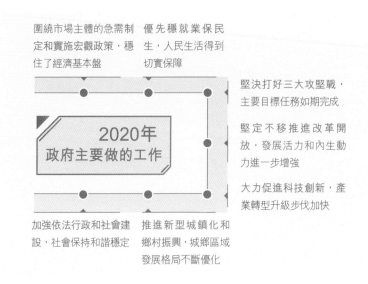

圍繞市場主體的急需制定和實施宏觀政策，穩住了經濟基本盤

優先穩就業保民生，人民生活得到切實保障

2020年政府主要做的工作

堅決打好三大攻堅戰，主要目標任務如期完成

堅定不移推進改革開放，發展活力和內生動力進一步增強

大力促進科技創新，產業轉型升級步伐加快

加強依法行政和社會建設，社會保持和諧穩定

推進新型城鎮化和鄉村振興，城鄉區域發展格局不斷優化

業是最大的民生，保市場主體也是為穩就業保民生。各地加大穩崗擴崗激勵力度，企業和員工共同克服困難。多渠道做好重點群體就業工作，支持大眾創業萬眾創新帶動就業。新增市場主體恢復快速增長，創造了大量就業崗位。城鎮新增就業 1186 萬人，年末全國城鎮調查失業率降到 5.2%。作為最大發展中國家，在巨大衝擊下能夠保持就業大局穩定，尤為難能可貴。加強生活必需品保供穩價，居民消費價格上漲 2.5%。線上辦公、網絡購物、無接觸配送等廣泛開展。大幅度擴大失業保險保障範圍。對因疫情遇困群眾及時給予救助，新納入低保、特困供養近 600 萬人，實施臨時救助超過 800 萬人次。抵禦嚴重洪

澇、颱風等自然災害，全力應急搶險救援，妥
善安置受災群眾，保障了人民群眾生命財產安
全和基本生活。

　　**三是堅決打好三大攻堅戰，主要目標任務
如期完成**。較大幅度增加財政扶貧資金投入。對工作難
度大的貧困縣和貧困村掛牌督戰，精準落實各項幫扶措
施。優先支持貧困勞動力穩崗就業，幫助返鄉貧困勞動力
再就業，努力穩住務工收入。加大產業扶貧力度，深入開
展消費扶貧。加強易返貧致貧人口監測和幫扶。年初剩
餘的 551 萬農村貧困人口全部脫貧、52 個貧困縣全部摘
帽。繼續打好藍天、碧水、淨土保衛戰，完成污染防治攻
堅戰階段性目標任務。長江、黃河、海岸帶等重要生態系
統保護和修復重大工程深入實施，生態建設得到加強。
穩妥化解地方政府債務風險，及時處置一批重大金融風險
隱患。

　　**四是堅定不移推進改革開放，發展活力和內生動力進
一步增強**。完善要素市場化配置體制機制。加強產權保
護。深入推進「放管服」改革，實施優化營商環境條例。
出台國企改革三年行動方案。支持民營企業發展。完善資
本市場基礎制度。扎實推進農業農村、社會事業等領域改
革。共建「一帶一路」穩步推進。海南自由貿易港建設等

〔延伸閱讀〕

國企改革三年行動

國企改革三年行動聚焦八個方面的重點任務:一是要完善中國特色現代企業制度,堅持「兩個一以貫之」,形成科學有效的公司治理機制;二是推進國有資本佈局優化和結構調整,聚焦主責主業,發展實體經濟,推動高質量發展,提升國有資本配置效率;三是積極穩妥推進混合所有制改革,促進各類所有制企業取長補短、共同發展;四是激發國有企業的活力,健全市場化經營機制,加大正向激勵力度,也由此提高效率;五是形成以管資本為主的國有資產監管體制,著力從監管理念、監管重點、監管方式、監管導向等多方位實現轉變,進一步提高國資監管的系統性、針對性、有效性;六是推動國有企業公平參與市場競爭,強化國有企業的市場主體地位,營造公開、公平、公正的市場環境;七是推動一系列國企改革專項行動落實落地;八是加強國有企業黨的領導黨的建設,推動黨建工作與企業的生產經營深度融合。

〔名詞解釋〕

海南自由貿易港

海南是中國最大的經濟特區,具有實施全面深化改革和試驗最高水平開放政策的獨特優勢。海南自由貿易港是按照中央部署,在海南全島建設自由貿易試驗區和中國特色自由貿易港,是中共中央著眼於國際國內發展大局,深入研究、統籌考慮、科學謀劃作出的重大決策。海南自由貿易港的實施範圍為海南島全島,其發展目標為,到 2025 年將初步建立以貿易自由便利和投資自由便利為重點的自由貿易港政策制度體系,到 2035 年成為中國開放型經濟新高地,到本世紀中葉全面建成具有較強國際影響力的高水平自由貿易港。

〔名詞解釋〕

區域全面經濟夥伴關係協定

2020 年 11 月 15 日，區域全面經濟夥伴關係協定（Regional Comprehensive Economic Partnership，簡稱 RCEP）在 2020 年東盟輪值主席國越南的組織下正式簽署，標誌著當前世界上人口最多、經貿規模最大、最具發展潛力的自由貿易區正式啟航。RCEP 由東盟 10 國（印度尼西亞、馬來西亞、菲律賓、泰國、新加坡、文萊、柬埔寨、老撾、緬甸、越南）發起，邀請中國、日本、韓國、澳大利亞、新西蘭、印度 6 個對話夥伴國參加，旨在通過削減關稅及非關稅壁壘，建立一個 16 國統一市場的自由貿易協定。協定涵蓋 20 個章節，既包括貨物貿易、服務貿易、投資等市場准入，也包括貿易便利化、知識產權、電子商務、競爭政策、政府採購等大量規則內容。在現代化上，RCEP 採用區域原產地累積規則，支持區域產業鏈供應鏈發展；採用新技術推動海關便利化，促進新型跨境物流發展；採用負面清單作出投資准入承諾，大大提升投資政策的透明度；適應數字經濟時代的需要。RCEP 現有 15 個成員國（印度因「有重要問題尚未得到解決」而未能加入該協定），總人口、經濟體量、貿易總額均佔全球總量約 30%，意味著全球約三分之一的經濟體量形成一體化大市場。

中歐投資協定

中歐投資協定旨在為中歐投資關係建立一個統一的法律框架，取代中國和歐盟 26 個成員國之間的現有雙邊投資條約。中國和歐盟在 2014 年就該協定啟動第一輪談判。2020 年，中歐舉行 10 輪正式談判（第 26 輪至第 35 輪），國家領導人和有關部門多次強調「實現年內完成談判目標」。2020 年 12 月 30 日，習近平主席在北京同德國總理默克爾、法國總統馬克龍、歐洲理事會主席米歇爾、歐盟委員會主席馮德萊恩舉行視頻會晤。中歐領導人共同宣佈如期完成中歐投資協定談判。中歐投資協定的達成有利於穩定中國和歐盟的關係，並將會提振市場信心，利好相關投資領域。

重大舉措陸續推出。成功舉辦第三屆中國國際進口博覽會、中國國際服務貿易交易會。推動區域全面經濟夥伴關係協定簽署。完成中歐投資協定談判。維護產業鏈供應鏈穩定，對外貿易和利用外資保持增長。

　　五是大力促進科技創新，產業轉型升級步伐加快。建設國際科技創新中心和綜合性國家科學中心，成功組建首批國家實驗室。「天問一號」、「嫦娥五號」、「奮鬥者」號等突破性成果不斷湧現。加強關鍵核心技術攻關。加大知識產權保護力度。支持科技成果轉化應用，促進大中小企業融通創新，推廣全面創新改革試驗相關舉措。推動產業數字化智能化改造，戰略性新興產業保持快速發展勢頭。

嫦娥五號實現
中國首次地外
天體採樣返回

　　六是推進新型城鎮化和鄉村振興，城鄉區域發展格局不斷優化。加大城鎮老舊小區改造力度，因城施策促進房地產市場平穩健康發展。糧食實現增產，生豬產能加快恢復，鄉村建設穩步展開，農村人居環境整治成效明顯。推進煤電油氣產供儲銷體系建設，提升能源安全保障能力。健全區域協調發展體制機制，在實施重大區域發展戰略方面出台一批新舉措。

　　七是加強依法行政和社會建設，社會保持和諧穩定。提請全國人大常委會審議法律議案 9 件，制定修訂行政法

規 37 部。認真辦理人大代表建議和政協委員提案。廣泛開展線上教學，秋季學期實現全面復學，1000 多萬高中畢業生順利完成高考。全面深化教育領域綜合改革。實現高職院校擴招 100 萬人目標。加大公共衛生體系建設力度。

提升大規模核酸檢測能力，新冠肺炎患者治療費用全部由國家承擔。提高退休人員基本養老金，上調城鄉居民基礎養老金最低標準，保障養老金按時足額發放，實現企業養老保險基金省級統收統支。加強公共文化服務。完善城鄉基層治理。扎實做好信訪工作。發揮審計監督作用。開展國務院大督查。做好第七次全國人口普查、國家脫貧攻堅普查。加強生產安全事故防範和處置。嚴格食品藥品疫苗監管。強化社會治安綜合治理，持續推進掃黑除惡專項鬥爭，平安中國建設取得新成效。

貫徹落實黨中央全面從嚴治黨戰略部署，加強黨風廉政建設和反腐敗鬥爭。鞏固深化「不忘初心、牢記使命」主題教育成果。嚴格落實中央八項規定精神，持續為基層減負。

中國特色大國外交卓有成效。習近平主席等黨和國家領導人通過視頻方式主持中非團結抗疫特別峰會，出席聯合國成立 75 週年系列

數讀2020年《政府工作報告》
量化指標任務落實情況

工作任務	年度完成情況

城鎮新增就業

900萬人以上

1186萬人

城鎮調查失業率

6%左右

全國城鎮調查失業率平均為
5.6%

城鎮登記失業率

5.5%左右

四季度末
4.24%

居民消費價格

漲幅**3.5%**左右

漲幅**2.5%**

財政赤字率、抗疫特別國債

擬按3.6%以上安排，財政赤字規模比去年增加1萬億元，同時發行1萬億元抗疫特別國債，上述2萬億元全部轉給地方

安排財政赤字3.76萬億元，比上年增加1萬億元，赤字率從2.8%提高至3.6%以上。同時發行抗疫特別國債1萬億元。上述2萬億元資金已全部轉給地方

中央本級支出

安排負增長
其中非急需非剛性支出
壓減50%以上

下降0.1%
其中非急需非剛性支出
壓減50%以上

增值稅稅率和社會保險費率政策

繼續執行去年出台的下調增值稅稅率和企業養老保險費率政策，新增減稅降費約5000億元。全年為企業新增減負超過2.5萬億元

繼續執行2019年出台的下調增值稅稅率和社會保險費率政策，新增減稅降費累計超過5000億元。全年為市場主體減負超過2.6萬億元

工作任務	年度完成情況

企業寬帶和專線平均資費

降低15%

截至2020年12月底，企業寬帶和專線平均資費較2019年底分別下降31.7%和18.6%

大型商業銀行普惠型小微企業貸款

增速要高於40%

截至2020年12月底，5家大型商業銀行普惠型小微企業貸款餘額4.03萬億元，同比增長54.8%，各自增速均超過40%

職業技能培訓

今明兩年培訓
3500萬人次以上

全國開展補貼性職業技能培訓2700.5萬人次、以工代訓2209.6萬人

高職院校擴招

今明兩年擴招
200萬人

157.44萬人

地方政府專項債券

擬安排**3.75**萬億元
比2019年增加1.6萬億元

3.75萬億元
比2019年增加1.6萬億元

中央預算內投資

安排**6000**億元

6000億元

新開工改造城鎮老舊小區

3.9萬個

4.03萬個

增加國家鐵路建設資本金

1000億元

1000億元

新建高標準農田

8000萬畝

8391萬畝

居民醫保人均財政補助標準

增加**30**元

新增**30**元
實現每人每年不低於550元

資料來源：新華社。

高級別會議、世界衛生大會、二十國集團領導人峰會、亞太經合組織領導人非正式會議、中國 — 歐盟領導人會晤、東亞合作領導人系列會議等重大活動。堅持多邊主義，推動構建人類命運共同體。支持國際抗疫合作，倡導建設人類衛生健康共同體。中國為促進世界和平與發展作出了重要貢獻。

一年來的工作殊為不易。各地區各部門顧全大局、盡責擔當，上億市場主體在應對衝擊中展現出堅強韌性，廣大人民群眾勤勞付出、共克時艱，詮釋了百折不撓的民族精神，彰顯了人民是真正的英雄，這是我們戰勝一切困難挑戰的力量源泉。

各位代表！

過去一年取得的成績，是以習近平同志為核心的黨中央堅強領導的結果，是習近平新時代中國特色社會主義思想科學指引的結果，是全黨全軍全國各族人民團結奮鬥的結果。我代表國務院，向全國各族人民，向各民主黨派、各人民團體和各界人士，表示誠摯感謝！向香港特別行政區同胞、澳門特別行政區同胞、台灣同胞和海外僑胞，表示誠摯感謝！向關心和支持中國現代化建設的各國政府、國際組織和各國朋友，表示誠摯感謝！

在肯定成績的同時，我們也清醒看到面臨的困難和挑

戰。新冠肺炎疫情仍在全球蔓延，國際形勢中不穩定不確定因素增多，世界經濟形勢複雜嚴峻。國內疫情防控仍有薄弱環節，經濟恢復基礎尚不牢固，居民消費仍受制約，投資增長後勁不足，中小微企業和個體工商戶困難較多，穩就業壓力較大。關鍵領域創新能力不強。一些地方財政收支矛盾突出，防範化解金融等領域風險任務依然艱巨。生態環保任重道遠。民生領域還有不少短板。政府工作存在不足，形式主義、官僚主義不同程度存在，少數幹部不擔當不作為不善為。一些領域腐敗問題仍有發生。我們一定要直面問題和挑戰，盡心竭力改進工作，決不辜負人民期待！

二、「十三五」時期發展成就和「十四五」時期主要目標任務

過去五年，我國經濟社會發展取得新的歷史性成就。經濟運行總體平穩，經濟結構持續優化，國內生產總值從不到 70 萬億元增加到超過 100 萬億元。創新型國家建設成果豐碩，在載人航天、探月工程、深海工程、超級計算、量子信息等領域取得一批重大科技成果。脫貧攻堅

創新型國家建設成果豐碩，在載人航天、探月工程、深海工程、超級計算、量子信息等領域取得一批重大科技成果

農業現代化穩步推進，糧食生產連年豐收

區域重大戰略扎實推進

金融風險處置取得重要階段性成果

全面建立實施困難殘疾人生活補貼和重度殘疾人護理補貼制度

對外開放持續擴大，共建「一帶一路」成果豐碩

教育、衛生、文化等領域發展取得新成就，教育公平和質量較大提升，醫療衛生事業加快發展，文化事業和文化產業繁榮發展

國家安全全面加強，社會保持和諧穩定

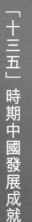

「十三五」時期中國發展成就

經濟運行總體平穩，經濟結構持續優化，國內生產總值從不到70萬億元增加到超過100萬億元

脫貧攻堅成果舉世矚目，5575萬農村貧困人口實現脫貧，960多萬建檔立卡貧困人口通過易地扶貧搬遷擺脫了「一方水土難養一方人」的困境，區域性整體貧困得到解決，完成了消除絕對貧困的艱巨任務

1億農業轉移人口和其他常住人口在城鎮落戶目標順利實現，城鎮棚戶區住房改造超過2100萬套

污染防治力度加大，資源能源利用效率顯著增加，生態環境明顯改善

全面深化改革取得重大突破，供給側結構性改革持續推進，「放管服」改革不斷深入，營商環境持續改善

人民生活水平顯著提高，城鎮新增就業超過6000萬人，建成世界上規模最大的社會保障體系

國防和軍隊建設水平大幅提升

成果舉世矚目，5575萬農村貧困人口實現脫貧，960多萬建檔立卡貧困人口通過易地扶貧搬遷擺脫了「一方水土難養一方人」的困境，區域性整體貧困得到解決，完成了消除絕對貧困的艱巨任務。農業現代化穩步推進，糧食生產連年豐收。1億農業轉移人口和其他常住人口在城鎮落戶目標順利實現，城鎮棚戶區住房改造超過2100萬套。區域重大戰略扎實推進。污染防治力度加大，資源能源利用效率顯著提升，生態環境明顯改善。金融風險處置取得重要階段性成果。全面深化改革取得重大突破，供給側結構性改革持續推進，「放管服」改革不斷深入，營商環境持續改善。對外開放持續擴大，共建「一帶一路」成果豐碩。人民生活水平顯著提高，城鎮新增就業超過6000萬人，建成世界上規模最大的社會保障體系。全面建立實施困難殘疾人生活補貼和重度殘疾人護理補貼制度。教育、衛生、文化等領域發展取得新成就，教育公平和質量較大提升，醫療衛生事業加快發展，文化事業和文化產業繁榮發展。國防和軍隊建設水平大幅提升。國家安全全面加強，社會保持和諧穩定。經過五年持續奮鬥，「十三五」規劃主要目標任務勝利完成，中華民族偉大復興向前邁出了新的一大步。

「十四五」時期是開啟全面建設社會主義現代化國家新

中共中央舉行
首場新聞發佈
會，介紹十九
屆五中全會
精神

征程的第一個五年。我國發展仍然處於重要戰略機遇期，但機遇和挑戰都有新的發展變化。要準確把握新發展階段，深入貫徹新發展理念，加快構建新發展格局，推動高質量發展，為全面建設社會主義現代化國家開好局起好步。

根據《中共中央關於制定國民經濟和社會發展第十四個五年規劃和二〇三五年遠景目標的建議》，國務院編制了《國民經濟和社會發展第十四個五年規劃和 2035 年遠景目標綱要（草案）》。《綱要草案》堅持以習近平新時代中國特色社會主義思想為指導，實化量化「十四五」時期經濟社會發展主要目標和重大任務，全文提交大會審

〔名詞解釋〕

新發展階段

新發展階段是社會主義初級階段中的一個階段，同時也是經過幾十年積累、站到了新的起點上的一個階段；是中國共產黨帶領中國人民迎來從站起來、富起來到強起來歷史性跨越的新階段。2021 年 1 月 11 日，習近平總書記在省部級主要領導幹部學習貫徹中國共產黨十九屆五中全會精神專題研討班上指出，全面建成小康社會、實現第一個百年奮鬥目標之後，我們要乘勢而上開啟全面建設社會主義現代化國家新征程、向第二個百年奮鬥目標進軍，這標誌著中國進入了一個新發展階段。在這個新發展階段，我們將全面建設社會主義現代化國家、基本實現社會主義現代化。這既是社會主義初級階段中國發展的要求，也是中國社會主義從初級階段向更高階段邁進的要求。

新發展理念

實現甚麼樣的發展、怎樣實現發展，是中國共產黨領導人民治國理政必須回答好的重大問題。以習近平同志為核心的中國共產黨中央提出的創新、協調、綠色、開放、共享的新發展理念，系統回答了關於發展的目的、動力、方式、路徑等一系列理論和實踐問題，闡明了中國共產黨關於發展的政治立場、價值導向、發展模式、發展道路等重大政治問題。新發展理念是一個系統的理論體系，唯有完整把握、準確理解、全面落實，才能形成合力，產生最佳效果。唯有全黨全國統一思想、協調行動、開拓前進，才能真正體現完整、準確、全面之意。

新發展格局

新發展格局是指加快構建以國內大循環為主體、國內國際雙循環相互促進的經濟發展格局，是中國共產黨十九屆五中全會作出的重大部署，是重塑中國國際合作和競爭新優勢的戰略抉擇，是習近平新時代中國特色社會主義經濟思想的豐富和發展。構建新發展格局的基本路徑是，在生產環節加強關鍵核心技術攻關，維護產業鏈供應鏈的安全穩定。在分配環節優化收入分配結構，優化生產要素配置。在流通環節提高流通效率，降低流通成本，實現貨暢其流。在消費環節優化消費環境，充分發揮中國超大規模市場優勢。

查，這裏概述幾個方面。

——著力提升發展質量效益，保持經濟持續健康發展。發展是解決我國一切問題的基礎和關鍵。必須堅持新發展理念，把新發展理念完整、準確、全面貫穿發展全過程和各領域，引導各方面把工作重點放在提高發展質量和效益上，促進增長潛力充分發揮。經濟運行保持在合理區

著力提升發展質量效益，保持經濟持續健康發展

堅持創新驅動發展，加快發展現代產業體系

形成強大國內市場，構建新發展格局

全面推進鄉村振興，完善新型城鎮化戰略

優化區域經濟佈局，促進區域協調發展

全面深化改革開放，持續增強發展動力和活力

推動綠色發展，促進人與自然和諧共生

持續增進民生福祉，扎實推動共同富裕

統籌發展和安全，建設更高水平的平安中國

「十四五」時期主要目標任務

間，各年度視情提出經濟增長預期目標，全員勞動生產率增長高於國內生產總值增長，城鎮調查失業率控制在5.5% 以內，物價水平保持總體平穩，實現更高質量、更有效率、更加公平、更可持續、更為安全的發展。

——堅持創新驅動發展，加快發展現代產業體系。堅持創新在我國現代化建設全局中的核心地位，把科技自立自強作為國家發展的戰略支撐。完善國家創新體系，加快構建以國家實驗室為引領的戰略科技力量，打好關鍵核心技術攻堅戰，制定實施基礎研究十年行動方案，提升企

〔延伸閱讀〕

基礎研究十年行動方案

基礎研究是整個科學技術的源頭，是所有技術問題的總機關，基礎研究的水平決定了一個國家科技創新的底蘊和後勁，強大的基礎研究是中國實現科技自立自強的前提和根基。2020 年 12 月 16 日至 18 日召開的中央經濟工作會議指出，要抓緊制訂實施基礎研究十年行動方案，重點佈局一批基礎學科研究中心，支持有條件的地方建設國際和區域科技創新中心。2021 年 2 月，科技部表示將根據中央要求制訂《基礎研究十年行動方案（2021—2030）》，對未來十年中國基礎研究的發展作出系統部署和安排。一是進一步優化學科佈局和研發佈局，支持新興學科、冷門學科和薄弱學科的發展，特別是要推動學科交叉融合和跨學科研究。二是在前沿領域，佈局建設一批基礎學科研究中心。三是制定實施戰略性科學計劃和科學工程，強化應用導向的基礎研究，完善共性基礎技術供給體系。四是加快組建國家實驗室，重組國家重點實驗室體系，打造體系化的戰略科技力量。五是改革完善基礎研究的體制機制，進一步加大基礎研究投入，特別是要建立以學術貢獻和創新價值為核心的評價導向，支持廣大科研人員勇闖創新「無人區」。

業技術創新能力，激發人才創新活力，完善科技創新體制機制，全社會研發經費投入年均增長 7% 以上、力爭投入強度高於「十三五」時期實際。廣泛開展科學普及活動。堅持把發展經濟著力點放在實體經濟上，推進產業基礎高級化、產業鏈現代化，保持製造業比重基本穩定，改造提升傳統產業，發展壯大戰略性新興產業，促進服務業繁榮發展。統籌推進傳統基礎設施和新型基礎設施建設。加快

數字化發展，打造數字經濟新優勢，協同推進數字產業化和產業數字化轉型，加快數字社會建設步伐，提高數字政府建設水平，營造良好數字生態，建設數字中國。

——形成強大國內市場，構建新發展格局。把實施擴大內需戰略同深化供給側結構性改革有機結合起來，以創新驅動、高質量供給引領和創造新需求。破除制約要素合理流動的堵點，貫通生產、分配、流通、消費各環節，形成國民經濟良性循環。立足國內大循環，協同推進強大國內市場和貿易強國建設，依託國內經濟循環體系形成對全球要素資源的強大引力場，促進國內國際雙循環。建立擴大內需的有效制度，全面促進消費，拓展投資空間，加快培育完整內需體系。

——全面推進鄉村振興，完善新型城鎮化戰略。堅持農業農村優先發展，嚴守 18 億畝耕地紅線，實施高標準農田建設工程、黑土地保護工程，確保種源安全，實施鄉村建設行動，健全城鄉融合發展體制機制。建立健全鞏固拓展脫貧攻堅成果長效機制，提升脫貧地區整體發展水平。深入推進以人為核心的新型城鎮化戰略，加快農業轉移人口市民化，常住人口城鎮化率提高到 65%，發展壯大城市群和都市圈，推進以縣城為重要載體的城鎮化建設，實施城市更新行動，完善住房市場體系和住房保障體

〔名詞解釋〕

城市更新行動

實施城市更新行動是在新發展階段，堅持以人民為中心的發展思想的重大舉措。推進城市更新，就是踐行「人民城市人民建，人民城市為人民」重要理念，回應群眾期盼，補齊城市基礎設施和公共服務等突出問題和短板，讓改革發展成果更多更公平地惠及全體人民。其總體目標是建設宜居城市、綠色城市、韌性城市、智慧城市、人文城市，不斷提升城市人居環境質量、人民生活質量、城市競爭力，走出一條中國特色城市發展道路。實施城市更新行動是貫徹新發展理念，轉變城市開發建設方式的必然要求。使城市由大規模增量建設轉為更加注重存量提質改造，在存量中得增量，多措並舉破解城市住房問題，走內涵式、集約型、綠色化高質量發展之路。實施城市更新行動是提升城市功能、構建新發展格局的重要路徑。

系，提升城鎮化發展質量。

——優化區域經濟佈局，促進區域協調發展。深入實施區域重大戰略、區域協調發展戰略、主體功能區戰略，構建高質量發展的區域經濟佈局和國土空間支撐體系。扎實推動京津冀協同發展、長江經濟帶發展、粵港澳大灣區建設、長三角一體化發展、黃河流域生態保護和高質量發展，高標準、高質量建設雄安新區。推動西部大開發形成新格局，推動東北振興取得新突破，促進中部地區加快崛起，鼓勵東部地區加快推進現代化。推進成渝地區雙城經

韓正主持召開推動長江經濟帶發展領導小組會議

〔名詞解釋〕

海洋經濟

　　海洋經濟是指開發海洋資源和依賴海洋空間而進行的生產活動，以及直接或間接為開發海洋資源及空間而進行的相關服務性產業活動。主要包括海洋漁業、海洋交通運輸業、海洋船舶工業、海鹽業、海洋油氣業、濱海旅遊業等。目前，世界範圍內已發展成熟的海洋產業有：海洋漁業、海水養殖業、海水製鹽及鹽化工業、海洋石油工業、海洋娛樂和旅遊業、海洋交通運輸業和濱海砂礦開採業等。壯大海洋經濟、拓展藍色發展空間，對於加快建設社會主義現代化國家、實現第二個百年奮鬥目標、實現中華民族偉大復興的中國夢具有重大意義。

　　濟圈建設。支持革命老區、民族地區加快發展，加強邊疆地區建設。積極拓展海洋經濟發展空間。

　　—— 全面深化改革開放，持續增強發展動力和活力。構建高水平社會主義市場經濟體制，激發各類市場主體活力，加快國有經濟佈局優化和結構調整，優化民營經濟發展環境。建設高標準市場體系，全面完善產權制度，推進要素市場化配置改革，強化競爭政策基礎地位，完善競爭政策框架。建立現代財稅金融體制，提升政府經濟治理能力。深化「放管服」改革，構建一流營商環境。建設更高水平開放型經濟新體制，推動共建「一帶一路」高質量發展，構建面向全球的高標準自由貿易區網絡。

　　—— 推動綠色發展，促進人與自然和諧共生。堅持綠水青山就是金山銀山理念，加強山水林田湖草系統治

理,加快推進重要生態屏障建設,構建以國家公園為主體的自然保護地體系,森林覆蓋率達到 24.1%。持續改善環境質量,基本消除重污染天氣和城市黑臭水體。落實 2030 年應對氣候變化國家自主貢獻目標。加快發展方式綠色轉型,協同推進經濟高質量發展和生態環境高水平保護,單位國內生產總值能耗和二氧化碳排放分別降低 13.5%、18%。

——持續增進民生福祉,扎實推動共同富裕。堅持盡力而為、量力而行,加強普惠性、基礎性、兜底性民生建設,制定促進共同富裕行動綱要,讓發展成果更多更公平惠及全體人民。實施就業優先戰略,擴大就業容量。著力提高低收入群體收入,擴大中等收入群體,居民人均可支配收入增長與國內生產總值增長基本同步。建設高質量教育體系,建設高素質專業化教師隊伍,深化教育改革,實施教育提質擴容工程,勞動年齡人口平均受教育年限提高到 11.3 年。全面推進健康中國建設,構建強大公共衛生體系,完善城鄉醫療服務網絡,廣泛開展全民健身運動,人均預期壽命再提高 1 歲。實施積極應對人口老齡化國家戰略,以「一老一小」為重點完善人口服務體系,優化生育政策,推動實現適度生育水平,發展普惠托育和基本養老服務體系,逐步延遲法定退休年齡。健全多層次

〔延伸閱讀〕

應對人口老齡化國家戰略

中國是當今世界老年人數最多的國家，2019 年底，已有 60 歲及以上老年人口 2.54 億，預計 2025 年將突破 3 億，2033 年將突破 4 億，2053 年將達到 4.87 億的峰值。實施積極應對人口老齡化國家戰略，事關國家發展全局，事關百姓福祉，對「十四五」和更長時期中國經濟社會持續健康發展具有重大和深遠的意義。

中國共產黨十八大以來，黨中央作出了一系列部署安排，制定了國家積極應對人口老齡化中長期規劃，為實施積極應對人口老齡化國家戰略提供了根本遵循。堅持黨總攬全局，為積極應對人口老齡化提供堅強保證。黨中央堅持系統觀念，從中國實現人口均衡發展最需要關注的「少子老齡化」等問題入手，提出了「十四五」時期實施積極應對人口老齡化國家戰略的思路和任務。一是優化生育政策，促進人口長期均衡發展，提高人口素質。二是積極開發老齡人力資源，發展「銀髮經濟」，推動養老事業和養老產業協同發展。三是推進基本養老服務，構建居家社區機構相協調、醫養康養相結合的養老服務體系，健全養老服務綜合監管制度。四是弘揚優秀傳統文化，支持家庭承擔養老功能，發揮家庭養老基礎作用。

社會保障體系，基本養老保險參保率提高到 95%，優化社會救助和慈善制度。發展社會主義先進文化，提高社會文明程度，弘揚誠信文化，建設誠信社會，提升公共文化服務水平，健全現代文化產業體系。

——統籌發展和安全，建設更高水平的平安中國。堅持總體國家安全觀，加強國家安全體系和能力建設。強化國家經濟安全保障，實施糧食、能源資源、金融安全戰略，糧食綜合生產能力保持在 1.3 萬億斤以上，提高能源綜合生產能力。全面提高公共安全保障能力，維護社會穩

定和安全。

展望未來，我們有信心有能力戰勝前進道路上的艱難險阻，完成「十四五」規劃目標任務，奮力譜寫中國特色社會主義事業新篇章！

三、2021 年重點工作

今年是我國現代化建設進程中具有特殊重要性的一年。做好政府工作，要在以習近平同志為核心的黨中央堅強領導下，以習近平新時代中國特色社會主義思想為指導，全面貫徹黨的十九大和十九屆二中、三中、四中、五中全會精神，堅持穩中求進工作總基調，立足新發展階

〔延伸閱讀〕

統籌發展和安全

安全是發展的前提，發展是安全的保障。統籌發展和安全，增強憂患意識，做到居安思危，是中國共產黨治國理政的一個重大原則。中國共產黨十九屆五中全會審議通過的《中共中央關於制定國民經濟和社會發展第十四個五年規劃和二○三五年遠景目標的建議》指出，堅持總體國家安全觀，實施國家安全戰略，維護和塑造國家安全，統籌傳統安全和非傳統安全，把安全發展貫穿國家發展各領域和全過程，防範和化解影響我國現代化進程的各種風險，築牢國家安全屏障。前進道路上，我們既要善於運用發展成果夯實國家安全的實力基礎，又要善於塑造有利於經濟社會發展的安全環境，實現發展和安全互為條件、彼此支撐。

段，貫徹新發展理念，構建新發展格局，以推動高質量發展為主題，以深化供給側結構性改革為主線，以改革創新為根本動力，以滿足人民日益增長的美好生活需要為根本目的，堅持系統觀念，鞏固拓展疫情防控和經濟社會發展成果，更好統籌發展和安全，扎實做好「六穩」工作、全面落實「六保」任務，科學精準實施宏觀政策，努力保持經濟運行在合理區間，堅持擴大內需戰略，強化科技戰略支撐，擴大高水平對外開放，保持社會和諧穩定，確保「十四五」開好局起好步，以優異成績慶祝中國共產黨成立 100 週年。

今年我國發展仍面臨不少風險挑戰，但經濟長期向好的基本面沒有改變。我們要堅定信心，攻堅克難，鞏固恢復性增長基礎，努力保持經濟社會持續健康發展。

今年發展主要預期目標是：國內生產總值增長 6% 以上；城鎮新增就業 1100 萬人以上，城鎮調查失業率 5.5% 左右；居民消費價格漲幅 3% 左右；進出口量穩質升，國際收支基本平衡；居民收入穩步增長；生態環境質量進一步改善，單位國內生產總值能耗降低 3% 左右，主要污染物排放量繼續下降；糧食產量保持在 1.3 萬億斤以上。

經濟增速是綜合性指標，今年預期目標設定為 6% 以上，考慮了經濟運行恢復情況，有利於引導各方面集中精

○ 國內生產總值增長6%以上

○ 堅持常態化防控和局部應急處置有機結合，嚴防出現聚集性疫情和散發病例傳播擴散，有序推進疫苗研製和加快免費接種

○ 城鎮新增就業1100萬人以上

○ 推動放開在就業地參加社會保險的戶籍限制

○ 將行政許可事項全部納入清單管理

○ 企業和群眾經常辦理的事項，今年要基本實現「跨省通辦」

○ 中小企業寬帶和專線平均資費再降10%

○ 取消港口建設費，將民航發展基金航空公司徵收標準降低20%

○ 中央本級基礎研究支出增長10.6%

○ 今年赤字率擬按3.2％左右安排，不再發行抗疫特別國債

○ 將小規模納稅人增值稅起徵點從月銷售額10萬元提高到15萬元

2021年發展目標和重點工作

○ 加大5G網絡和千兆光網建設力度

○ 穩定增加汽車、家電等大宗消費，取消對二手車交易不合理限制

○ 增加停車場、充電樁、換電站等設施，加快建設動力電池回收利用體系

○ 新開工改造城鎮老舊小區5.3萬個

○ 對小微企業和個體工商戶年應納稅所得額不到100萬元的部分，在現行優惠政策基礎上，再減半徵收所得稅

○ 引導銀行擴大信用貸款、持續增加首貸戶，推廣隨借隨還貸款

○ 降低或取消部分準入類職業資格考試工作年限要求

○ 居民醫保和基本公共衛生服務經費人均財政補助標準分別再增加30元和5元

○ 把更多慢性病、常見病藥品和高值醫用耗材納入集中帶量採購

○ 降低租賃住房稅費負擔，盡最大努力幫助新市民、青年人等緩解住房困難

○ 提高退休人員基本養老金、優撫對象撫恤和生活補助標準

資料來源："央視新聞"微信公眾號。

力推進改革創新、推動高質量發展。經濟增速、就業、物價等預期目標，體現了保持經濟運行在合理區間的要求，與今後目標平穩銜接，有利於實現可持續健康發展。

做好今年工作，要更好統籌疫情防控和經濟社會發展。堅持常態化防控和局部應急處置有機結合，繼續毫不放鬆做好外防輸入、內防反彈工作，抓好重點區域和關鍵環節防控，補上短板漏洞，嚴防出現聚集性疫情和散發病例傳播擴散，有序推進疫苗研製和加快免費接種，提高科學精準防控能力和水平。

今年要重點做好以下幾方面工作。

（一）保持宏觀政策連續性穩定性可持續性，促進經濟運行在合理區間。 在區間調控基礎上加強定向調控、相機調控、精準調控。宏觀政策要繼續為市場主體紓困，保持必要支持力度，不急轉彎，根據形勢變化適時調整完善，進一步鞏固經濟基本盤。

積極的財政政策要提質增效、更可持續。考慮到疫情得到有效控制和經濟逐步恢復，今年赤字率擬按 3.2% 左右安排、比去年有所下調，不再發行抗疫特別國債。因財政收入恢復性增長，財政支出總規模比去年增加，重點仍是加大對保就業保民生保市場主體的支持力度。中央

李克強：中國統籌推進疫情防控和經濟社會發展，經濟實現企穩回升

2021年要重點做好八個方面主要工作

保持宏觀政策連續性穩定性可持續性，促進經濟運行在合理區間

1.

積極的財政政策要提質增效、更可持續

優化和落實減稅政策

穩健的貨幣政策要靈活精準、合理適度

就業優先政策要繼續強化、聚力增效

深入推進重點領域改革，更大激發市場主體活力

2.

進一步轉變政府職能

用改革辦法推動降低企業生產經營成本

促進多種所有制經濟共同發展

深化財稅金融體制改革

依靠創新推動實體經濟高質量發展，培育壯大新動能

3.

提升科技創新能力

運用市場化機制激勵企業創新

優化和穩定產業鏈供應鏈

堅持擴大內需這個戰略基點，充分挖掘國內市場潛力

4.

穩定和擴大消費

擴大有效投資

5. 全面實施鄉村振興戰略，促進農業穩定發展和農民增收

做好鞏固拓展脫貧攻堅成果同鄉村振興有效銜接

提高糧食和重要農產品供給保障能力

扎實推進農村改革和鄉村建設

6. 實行高水平對外開放，促進外貿外資穩中提質

推動進出口穩定發展

積極有效利用外資

高質量共建「一帶一路」

深化多雙邊和區域經濟合作

7. 加強污染防治和生態建設，持續改善環境質量

繼續加大生態環境治理力度

扎實做好碳達峰、碳中和各項工作

8. 切實增進民生福祉，不斷提高社會建設水平

發展更加公平更高質量的教育

推進衛生健康體系建設

保障好群眾住房需求

加強基本民生保障

更好滿足人民群眾精神文化需求

加強和創新社會治理

本級支出繼續安排負增長，進一步大幅壓減非急需非剛性支出，對地方一般性轉移支付增長7.8%、增幅明顯高於去年，其中均衡性轉移支付、縣級基本財力保障機制獎補資金等增幅均超過 10%。建立常態化財政資金直達機制並擴大範圍，將 2.8 萬億元中央財政資金納入直達機制、規模明顯大於去年，為市縣基層惠企利民提供更加及時有力的財力支持。各級政府都要節用為民、堅持過緊日子，確保基本民生支出只增不減，助力市場主體青山常在、生機盎然。

3D 大片看總理報告：今年生活這樣改變！

優化和落實減稅政策。市場主體恢復元氣、增強活

2021年優化和落實減稅政策

繼續執行制度性減稅政策

延長小規模納稅人增值稅優惠等部分階段性政策執行期限

實施新的結構性減稅舉措

對沖部分政策調整帶來的影響

將小規模納稅人增值稅起徵點
從月銷售額10萬元提高到15萬元

對小微企業和個體工商戶年應納稅所得額不到100萬元的部分，在現行優惠政策基礎上，再減半徵收所得稅

力，需要再幫一把。繼續執行制度性減稅政策，延長小規模納稅人增值稅優惠等部分階段性政策執行期限，實施新的結構性減稅舉措，對沖部分政策調整帶來的影響。將小規模納稅人增值稅起徵點從月銷售額 10 萬元提高到 15 萬元。對小微企業和個體工商戶年應納稅所得額不到 100 萬元的部分，在現行優惠政策基礎上，再減半徵收所得稅。各地要把減稅政策及時落實到位，確保市場主體應享盡享。

穩健的貨幣政策要靈活精準、合理適度。把服務實體經濟放到更加突出的位置，處理好恢復經濟與防範風險的關係。貨幣供應量和社會融資規模增速與名義經濟增速基本匹配，保持流動性合理充裕，保持宏觀槓桿率基本穩定。保持人民幣匯率在合理均衡水平上的基本穩定。進一步解決中小微企業融資難題。延續普惠小微企業貸款延期還本付息政策，加大再貸款再貼現支持普惠金融力度。延長小微企業融資擔保降費獎補政策，完善貸款風險分擔補償機制。加快信用信息共享步伐。完善金融機構考核、評價和盡職免責制度。引導銀行擴大信用貸款、持續增加首貸戶，推廣隨借隨還貸款，使資金更多流向科技創新、綠色發展，更多流向小微企業、個體工商戶、新型農業經營主體，對受疫情持續影響行業企業給予定向支持。大型

商業銀行普惠小微企業貸款增長 30% 以上。創新供應鏈金融服務模式。適當降低小微企業支付手續費。優化存款利率監管，推動實際貸款利率進一步降低，繼續引導金融系統向實體經濟讓利。今年務必做到小微企業融資更便利、綜合融資成本穩中有降。

就業優先政策要繼續強化、聚力增效。著力穩定現有崗位，對不裁員少裁員的企業，繼續給予必要的財稅、金融等政策支持。繼續降低失業和工傷保險費率，擴大失業保險返還等階段性穩崗政策惠及範圍，延長以工代訓政策實施期限。拓寬市場化就業渠道，促進創業帶動就業。推動降低就業門檻，動態優化國家職業資格目錄，降低或取消部分准入類職業資格考試工作年限要求。支持和規範發

〔延伸閱讀〕

職業技能提升行動方案（2019 — 2021年）

為服務經濟社會發展，適應人民群眾就業創業需要，國家大力推行終身職業技能培訓制度，面向職工、就業重點群體、建檔立卡貧困勞動力等城鄉各類勞動者，大規模開展職業技能培訓，加快建設知識型、技能型、創新型勞動者大軍。2019 年 5 月，國務院辦公廳印發《職業技能提升行動方案（2019 — 2021 年）》，明確目標任務，即 2019 年至 2021 年，持續開展職業技能提升行動，提高培訓針對性實效性，全面提升勞動者職業技能水平和就業創業能力。三年共開展各類補貼性職業技能培訓 5000 萬人次以上，其中 2019 年培訓 1500 萬人次以上；經過努力，到 2021 年底，技能勞動者佔就業人員總量的比例達到 25% 以上 高技能人才佔技能勞動者的比例達到 30% 以上。

展新就業形態，加快推進職業傷害保障試點。繼續對靈活就業人員給予社保補貼，推動放開在就業地參加社會保險的戶籍限制。做好高校畢業生、退役軍人、農民工等重點群體就業工作，完善殘疾人、零就業家庭成員等困難人員就業幫扶政策，促進失業人員再就業。拓寬職業技能培訓資金使用範圍，開展大規模、多層次職業技能培訓，完成職業技能提升和高職擴招三年行動目標，建設一批高技能人才培訓基地。健全就業公共服務體系，實施提升就業服務質量工程。運用就業專項補助等資金，支持各類勞動力市場、人才市場、零工市場建設，廣開就業門路，為有意願有能力的人創造更多公平就業機會。

（二）深入推進重點領域改革，更大激發市場主體活力。在落實助企紓困政策的同時，加大力度推動相關改革，培育更加活躍更有創造力的市場主體。

進一步轉變政府職能。充分發揮市場在資源配置中的決定性作用，更好發揮政府作用，推動有效市場和有為政府更好結合。繼續放寬市場准入，開展要素市場化配置綜合改革試點，依法平等保護各類市場主體產權。縱深推進「放管服」改革，加快營造市場化、法治化、國際化營商環境。將行政許可事項全部納入清單管理。深化「證照分離」改革，大力推進涉企審批減環節、減材料、減時限、

來源：中國政府網

減費用。完善市場主體退出機制，實行中小微企業簡易註銷制度。實施工業產品准入制度改革，推進汽車、電子電器等行業生產准入和流通管理全流程改革。把有效監管作

〔延伸閱讀〕

「跨省通辦」

推進政務服務「跨省通辦」，是轉變政府職能、提升政務服務能力的重要途徑，是暢通國民經濟循環、促進要素自由流動的重要支撐，對於提升國家治理體系和治理能力現代化水平具有重要作用。近年來，中共中央、國務院陸續出台審批服務便民化、「互聯網 + 政務服務」、優化營商環境等一系列政策文件，全國一體化政務服務平台初步建成並發揮作用，政務服務「一網通辦」深入推進，各地區各部門積極開展政務服務改革探索和創新實踐，政務服務便捷度和群眾獲得感顯著提升。2020 年 9 月，國務院辦公廳印發《關於加快推進政務服務「跨省通辦」的指導意見》，提出 140 項全國高頻政務服務「跨省通辦」事項清單。

為簡政放權的必要保障，全面落實監管責任，加強對取消或下放審批事項的事中事後監管，完善分級分類監管政策，健全跨部門綜合監管制度，大力推行「互聯網＋監管」，提升監管能力，加大失信懲處力度，以公正監管促進優勝劣汰。加強數字政府建設，建立健全政務數據共享協調機制，推動電子證照擴大應用領域和全國互通互認，實現更多政務服務事項網上辦、掌上辦、一次辦。企業和群眾經常辦理的事項，今年要基本實現「跨省通辦」。

用改革辦法推動降低企業生產經營成本。推進能源、交通、電信等基礎性行業改革，提高服務效率，降低收費水平。允許所有製造業企業參與電力市場化交易，進一步清理用電不合理加價，繼續推動降低一般工商業電價。中小企業寬帶和專線平均資費再降 10%。全面推廣高速公路差異化收費，堅決整治違規設置妨礙貨車通行的道路限高限寬設施和檢查卡點。取消港口建設費，將民航發展基金航空公司徵收標準降低 20%。鼓勵受疫情影響較大的地方對承租國有房屋的服務業小微企業和個體工商戶減免租金。推動各類中介機構公開服務條件、流程、時限和收費標準。要嚴控非稅收入不合理增長，嚴厲整治亂收費、亂罰款、亂攤派，不得擾民漁利，讓市場主體安心經營、輕裝前行。

〔延伸閱讀〕

企業家精神

促進經濟社會發展的一個重要動力就是企業家精神，市場主體要想高質量地發展必須具備企業家精神。2020 年 7 月 21 日，習近平總書記在企業家座談會上指出，企業家要帶領企業戰勝當前的困難，走向更輝煌的未來，就要在愛國、創新、誠信、社會責任和國際視野等方面不斷提升自己，努力成為新時代構建新發展格局、建設現代化經濟體系、推動高質量發展的生力軍。並對企業家提出了五點希望：一是增強愛國情懷，二是勇於創新，三是誠信守法，四是承擔社會責任，五是拓展國際視野。

促進多種所有制經濟共同發展。堅持和完善社會主義基本經濟制度。毫不動搖鞏固和發展公有制經濟，毫不動搖鼓勵、支持、引導非公有制經濟發展。各類市場主體都是國家現代化的建設者，要一視同仁、平等對待。深入實施國企改革三年行動，做強做優做大國有資本和國有企業。深化國有企業混合所有制改革。構建親清政商關係，破除制約民營企業發展的各種壁壘。健全防範和化解拖欠中小企業賬款長效機制。弘揚企業家精神。國家支持平台企業創新發展、增強國際競爭力，同時要依法規範發展，健全數字規則。強化反壟斷和防止資本無序擴張，堅決維護公平競爭市場環境。

深化財稅金融體制改革。強化預算約束和績效管理，

加大預算公開力度，精簡享受稅費優惠政策的辦理流程和手續。落實中央與地方財政事權和支出責任劃分改革方案。健全地方稅體系。繼續多渠道補充中小銀行資本、強化公司治理，深化農村信用社改革，推進政策性銀行分類分賬改革，提升保險保障和服務功能。穩步推進註冊制改革，完善常態化退市機制，加強債券市場建設，更好發揮多層次資本市場作用，拓展市場主體融資渠道。強化金融控股公司和金融科技監管，確保金融創新在審慎監管的前提下進行。完善金融風險處置工作機制，壓實各方責

〔名詞解釋〕

「科技創新2030—重大項目」

中國面向 2030 年部署了一批與國家戰略長遠發展和人民生活緊密相關的科技創新重大項目，統稱為「科技創新 2030—重大項目」。2016 年 8 月，國務院印發《「十三五」國家科技創新規劃》，提出要在實施好「核高基」（核心電子器件、高端通用芯片、基礎軟件）、集成電路裝備、寬帶移動通信、數控機床、油氣開發、核電、水污染治理、轉基因、新藥創製、傳染病防治等已有國家科技重大專項基礎上，面向 2030 年，再選擇一批體現國家戰略意圖的重大科技項目和工程，力爭有所突破。其中，重大科技項目包括航空發動機及燃氣輪機、深海空間站、量子通信與量子計算機、腦科學與類腦研究、國家網絡空間安全、深空探測及空間飛行器在軌服務與維護系統 6 類，重大工程包括種業自主創新、煤炭清潔高效利用、智能電網、天地一體化信息網絡、大數據、智能製造和機器人、重點新材料研發及應用、京津冀環境綜合治理、健康保障 9 類。

任，堅決守住不發生系統性風險的底線。金融機構要堅守服務實體經濟的本分。

（三）依靠創新推動實體經濟高質量發展，培育壯大新動能。促進科技創新與實體經濟深度融合，更好發揮創新驅動發展作用。

提升科技創新能力。強化國家戰略科技力量，推進國家實驗室建設，完善科技項目和創新基地佈局。實施好關鍵核心技術攻關工程，深入謀劃推進「科技創新 2030—重大項目」，改革科技重大專項實施方式，推廣「揭榜掛帥」等機制。支持有條件的地方建設國際和區域科技創新中心，增強國家自主創新示範區等帶動作用。發展疾病防治攻關等民生科技。促進科技開放合作。加強知識產權保護。加強科研誠信建設，弘揚科學精神，營造良好創新生態。基礎研究是科技創新的源頭，要健全穩定支持機制，大幅增加投入，中央本級基礎研究支出增長 10.6%，落實擴大經費使用自主權政策，優化項目申報、評審、經費管理、人才評價和激勵機制，努力消除科研人員不合理負擔，使他們能夠沉下心來致力科學探索，以「十年磨一劍」精神在關鍵核心領域實現重大突破。

運用市場化機制激勵企業創新。強化企業創新主體地位，鼓勵領軍企業組建創新聯合體，拓展產學研用融合通

〔名詞解釋〕

質量基礎設施建設

國家質量基礎設施（National Quality Infrastructure）是指一個國家建立和執行標準、計量、認證認可、檢驗檢測等所需的質量體制框架的統稱。2006 年，國際標準化組織認為，計量、標準化、合格評定已經成為未來世界經濟可持續發展的三大支柱。目前，中國已經初步形成包括法規體系、管理體系和技術體系在內的國家質量基礎設施體系。當下，國家質量基礎設施建設主要圍繞兩個目標進行規劃佈局：一是為貿易發展與國家治理提供制度支撐；二是為科技創新和質量強國建設提供技術支撐。

道，健全科技成果產權激勵機制，完善創業投資監管體制和發展政策，縱深推進大眾創業萬眾創新。延續執行企業研發費用加計扣除 75% 政策，將製造業企業加計扣除比例提高到 100%，用稅收優惠機制激勵企業加大研發投入，著力推動企業以創新引領發展。

優化和穩定產業鏈供應鏈。繼續完成「三去一降一補」重要任務。對先進製造業企業按月全額退還增值稅增量留抵稅額，提高製造業貸款比重，擴大製造業設備更新和技術改造投資。增強產業鏈供應鏈自主可控能力，實施好產業基礎再造工程，發揮大企業引領支撐和中小微企業協作配套作用。發展工業互聯網，促進產業鏈和創新鏈融合，搭建更多共性技術研發平台，提升中小微企業創新能力和專業化

手繪政府工作
報告暖心政策

多渠道增加居民收入

鼓勵企業創新產品和服務，便利新產品市場准入，推進內外貿產品同線同標同質

運用好「互聯網+」，推進線上線下更廣更深融合，發展新業態新模式，為消費者提供更多便捷舒心的服務和產品

穩定增加汽車、家電等大宗消費，取消對二手車交易不合理限制，增加停車場、充電樁、換電站等設施，加快建設動力電池回收利用體系

健全城鄉流通體系，加快電商、快遞進農村，擴大縣鄉消費

發展健康、文化、旅遊、體育等服務消費

保障小店商舖等便民服務業有序運營

引導平台企業合理降低商戶服務費

穩步提高消費能力，改善消費環境，讓居民能消費、願消費，以促進民生改善和經濟發展

穩定和擴大消費

2021年堅持擴大內需
充分挖掘國內市場潛力

擴大有效投資

2021年擬安排地方政府專項債券3.65萬億元，優化債券資金使用，優先支持在建工程，合理擴大使用範圍

繼續支持促進區域協調發展的重大工程，推進「兩新一重」建設，實施一批交通、能源、水利等重大工程項目，建設信息網絡等新型基礎設施，發展現代物流體系

簡化投資審批程序，推進實施企業投資項目承諾制

中央預算內投資安排6100億元

深化工程建設項目審批制度改革

政府投資更多向惠及面廣的民生項目傾斜，新開工改造城鎮老舊小區5.3萬個，提升縣城公共服務水平

完善支持社會資本參與政策，進一步拆除妨礙民間投資的各種藩籬，在更多領域讓社會資本進得來、能發展、有作為

水平。加大 5G 網絡和千兆光網建設力度，豐富應用場景。加強網絡安全、數據安全和個人信息保護。統籌新興產業佈局。加強質量基礎設施建設，深入實施質量提升行動，完善標準體系，促進產業鏈上下游標準有效銜接，弘揚工匠精神，以精工細作提升中國製造品質。

（四）堅持擴大內需這個戰略基點，充分挖掘國內市場潛力。緊緊圍繞改善民生拓展需求，促進消費與投資有效結合，實現供需更高水平動態平衡。

穩定和擴大消費。多渠道增加居民收入。健全城鄉流通體系，加快電商、快遞進農村，擴大縣鄉消費。穩定增加汽車、家電等大宗消費，取消對二手車交易不合理限制，增加停車場、充電樁、換電站等設施，加快建設動力電池回收利用體系。發展健康、文化、旅遊、體育等服務消費。鼓勵企業創新產品和服務，便利新產品市場准入，推進內外貿產品同線同標同質。保障小店商舖等便民服務業有序運營。運用好「互聯網＋」，推進線上線下更廣更深融合，發展新業態新模式，為消費者提供更多便捷舒心的服務和產品。引導平台企業合理降低商戶服務費。穩步提高消費能力，改善消費環境，讓居民能消費、願消費，以促進民生改善和經濟發展。

擴大有效投資。今年擬安排地方政府專項債券 3.65

〔名詞解釋〕

企業投資項目承諾制

主要是指改善企業投資管理，注重事前政策引導、事後監管約束和過程服務，創新服務方式，簡化服務流程，提高綜合服務能力。旨在推動政府職能向減審批、強監管、優服務轉變，進一步激發企業投資活力和動力。

萬億元，優化債券資金使用，優先支持在建工程，合理擴大使用範圍。中央預算內投資安排 6100 億元。繼續支持促進區域協調發展的重大工程，推進「兩新一重」建設，實施一批交通、能源、水利等重大工程項目，建設信息網絡等新型基礎設施，發展現代物流體系。政府投資更多向惠及面廣的民生項目傾斜，新開工改造城鎮老舊小區 5.3 萬個，提升縣城公共服務水平。簡化投資審批程序，推進實施企業投資項目承諾制。深化工程建設項目審批制度改革。完善支持社會資本參與政策，進一步拆除妨礙民間投資的各種藩籬，在更多領域讓社會資本進得來、能發展、有作為。

（五）全面實施鄉村振興戰略，促進農業穩定發展和農民增收。接續推進脫貧地區發展，抓好農業生產，改善農村生產生活條件。

擺脫貧困，中國這樣走過

做好鞏固拓展脫貧攻堅成果同鄉村振興有

做好鞏固拓展脫貧攻堅成果同鄉村振興有效銜接

○ 對脫貧縣從脫貧之日起設立5年過渡期，
保持主要幫扶政策總體穩定

○ 健全防止返貧動態監測和幫扶機制
促進脫貧人口穩定就業
加大技能培訓力度
發展壯大脫貧地區產業
做好易地搬遷後續扶持
分層分類加強對農村低收入人口常態化幫扶
確保不發生規模性返貧

○ 在西部地區脫貧縣中集中支持
一批鄉村振興重點幫扶縣

○ 堅持和完善東西部協作和對口支援機制
發揮中央單位和社會力量幫扶作用
繼續支持脫貧地區增強內生發展能力

效銜接。對脫貧縣從脫貧之日起設立 5 年過渡期，保持主
要幫扶政策總體穩定。健全防止返貧動態監測和幫扶機
制，促進脫貧人口穩定就業，加大技能培訓力度，發展壯
大脫貧地區產業，做好易地搬遷後續扶持，分層分類加
強對農村低收入人口常態化幫扶，確保不發生規模性返

貧。在西部地區脫貧縣中集中支持一批鄉村振興重點幫扶縣。堅持和完善東西部協作和對口支援機制，發揮中央單位和社會力量幫扶作用，繼續支持脫貧地區增強內生發展能力。

提高糧食和重要農產品供給保障能力。保障糧食安全的要害是種子和耕地。要加強種質資源保護利用和優良品種選育推廣，開展農業關鍵核心技術攻關。提高高標準農田建設標準和質量，完善灌溉設施，強化耕地保護，堅決遏制耕地「非農化」、防止「非糧化」。推進農業機械化、智能化。建設國家糧食安全產業帶和農業現代化示範區。穩定種糧農民補貼，適度提高稻穀、小麥最低收購價，擴大完全成本和收入保險試點範圍。穩定糧食播種面積，提高單產和品質。多措並舉擴大油料生產。發展畜禽水產養殖，穩定和發展生豬生產。加強動植物疫病防控。保障農產品市場供應和價格基本穩定。開展糧食節約行動。解決好吃飯問題始終是頭等大事，我們一定要下力氣也完全有能力保障好 14 億人的糧食安全。

扎實推進農村改革和鄉村建設。鞏固和完善農村基本經營制度，保持土地承包關係穩定並長久不變，穩步推進多種形式適度規模經營，加快發展專業化社會化服務。穩慎推進農村宅基地制度改革試點。發展新型農村集體經

〔名詞解釋〕

農村人居環境整治提升五年行動

2021 年 1 月 4 日，中共中央、國務院印發《關於全面推進鄉村振興加快農業農村現代化的意見》。《意見》第十六條指出，實施農村人居環境整治提升五年行動。分類有序推進農村廁所革命，加快研發乾旱、寒冷地區衛生廁所適用技術和產品，加強中西部地區農村戶用廁所改造。統籌農村改廁和污水、黑臭水體治理，因地制宜建設污水處理設施。健全農村生活垃圾收運處置體系，推進源頭分類減量、資源化處理利用，建設一批有機廢棄物綜合處置利用設施。健全農村人居環境設施管護機制。有條件的地區推廣城鄉環衛一體化第三方治理。深入推進村莊清潔和綠化行動。開展美麗宜居村莊和美麗庭院示範創建活動。

濟。深化供銷社、集體林權、國有林區林場、農墾等改革。提高土地出讓收入用於農業農村比例。強化農村基本公共服務和公共基礎設施建設，促進縣域內城鄉融合發展。啟動農村人居環境整治提升五年行動。加強農村精神文明建設。保障農民工工資及時足額支付。加快發展鄉村產業，壯大縣域經濟，加強對返鄉創業的支持，拓寬農民就業渠道。千方百計使億萬農民多增收、有奔頭。

（六）實行高水平對外開放，促進外貿外資穩中提質。實施更大範圍、更寬領域、更深層次對外開放，更好參與國際經濟合作。

推動進出口穩定發展。加強對中小外貿企業信貸支

持，擴大出口信用保險覆蓋面、優化承保和理賠條件，深化貿易外匯收支便利化試點。穩定加工貿易，發展跨境電商等新業態新模式，支持企業開拓多元化市場。發展邊境貿易。創新發展服務貿易。優化調整進口稅收政策，增加優質產品和服務進口。加強貿易促進服務，辦好進博

〔名詞解釋〕

跨境服務貿易負面清單

負面清單是針對企業的一個重要政策導向，即法無禁止皆可為。跨境服務貿易負面清單是指在跨境服務貿易方面，通過制定並實施負面清單幫助服務貿易與國內產業政策相對接，擴大服務領域的對外開放，進口更多的優質服務，同時積極擴大服務出口，推動中國的優質服務更多地走出去，提升中國服務的國際競爭力。2019 年 11 月，中共中央、國務院印發《關於推進貿易高質量發展的指導意見》，明確提出探索跨境服務貿易負面清單管理制度。

〔延伸閱讀〕

自貿試驗區

截至 2020 年 9 月 21 日，中國共設立 6 批 21 個自貿區，中國自貿區形成 "1+3+7+1+6+3" 的新格局。

第一批（1）：2013 年設立上海自貿試驗區

第二批（3）：2015 年設立廣東、天津、福建自貿試驗區

第三批（7）:2017 年設立遼寧、浙江、河南、湖北、重慶、四川、陝西自貿試驗區

第四批（1）：2018 年設立海南自貿試驗區

第五批（6）：2019 年設立山東、江蘇、廣西、河北、雲南、黑龍江自貿試驗區

第六批（3）：2020 年設立北京、湖南、安徽自貿試驗區

會、廣交會、服貿會及首屆中國國際消費品博覽會等重大展會。推動國際物流暢通，清理規範口岸收費，不斷提升通關便利化水平。

積極有效利用外資。進一步縮減外資准入負面清單。推動服務業有序開放，增設服務業擴大開放綜合試點，制定跨境服務貿易負面清單。推進海南自由貿易港建設，加強自貿試驗區改革開放創新，推動海關特殊監管區域與自貿試驗區統籌發展，發揮好各類開發區開放平台作用。促進內外資企業公平競爭，依法保護外資企業合法權益。歡迎外商擴大在華投資，分享中國開放的大市場和發展機遇。

高質量共建「一帶一路」。堅持共商共建共享，堅持以企業為主體、遵循市場化原則，健全多元化投融資體系，強化法律服務保障，有序推動重大項目合作，推進基礎設施互聯互通。提升對外投資合作質量效益。

深化多雙邊和區域經濟合作。堅定維護多邊貿易體制。推動區域全面經濟夥伴關係協定儘早生效實施、中歐投資協定簽署，加快中日韓自貿協定談判進程，積極考慮加入全面與進步跨太平洋夥伴關係協定。在相互尊重基礎上，推動中美平等互利經貿關係向前發展。中國願與世界各國擴大相互開放，實現互利共贏。

（七）加強污染防治和生態建設，持續改善環境質量。深入實施可持續發展戰略，鞏固藍天、碧水、淨土保衛戰成果，促進生產生活方式綠色轉型。

繼續加大生態環境治理力度。強化大氣污染綜合治理和聯防聯控，加強細顆粒物和臭氧協同控制，北方地區清潔取暖率達到 70%。整治入河入海排污口和城市黑臭水體，提高城鎮生活污水收集和園區工業廢水處置能力，嚴格土壤污染源頭防控，加強農業面源污染治理。繼續嚴禁洋垃圾入境。有序推進城鎮生活垃圾分類處置。推動快遞包裝綠色轉型。加強危險廢物醫療廢物收集處理。研究制定生態保護補償條例。落實長江十年禁漁，實施生物多樣

〔延伸閱讀〕

碳達峰、碳中和

碳達峰是指中國承諾在 2030 年前，二氧化碳的排放不再增長，達到峰值之後再慢慢減下去。碳中和是指中國承諾到 2060 年，針對排放的二氧化碳，要採取植樹、節能減排等各種方式全部抵消掉。

2020 年 9 月 22 日，習近平在第七十五屆聯合國大會一般性辯論上宣佈，中國將提高國家自主貢獻力度，採取更加有力的政策和措施，二氧化碳排放力爭於 2030 年前達到峰值，努力爭取 2060 年前實現碳中和。在此後的氣候雄心峰會上，中國宣佈了更具體的目標：到 2030 年，單位國內生產總值二氧化碳排放將比 2005 年下降 65% 以上，非化石能源佔一次能源消費比重將達到 25% 左右，森林蓄積量將比 2005 年增加 60 億立方米。風電、太陽能發電總裝機容量將達到 12 億千瓦以上。

性保護重大工程，科學推進荒漠化、石漠化、水土流失綜合治理，持續開展大規模國土綠化行動，保護海洋生態環境，推進生態系統保護和修復，讓我們生活的家園擁有更多碧水藍天。

扎實做好碳達峰、碳中和各項工作。制定 2030 年前碳排放達峰行動方案。優化產業結構和能源結構。推動煤炭清潔高效利用，大力發展新能源，在確保安全的前提下積極有序發展核電。擴大環境保護、節能節水等企業所得稅優惠目錄範圍，促進新型節能環保技術、裝備和產品研發應用，培育壯大節能環保產業，推動資源節約高效利用。加快建設全國用能權、碳排放權交易市場，完善能源消費雙控制度。實施金融支持綠色低碳發展專項政策，設立碳減排支持工具。提升生態系統碳匯能力。中國作為地球村的一員，將以實際行動為全球應對氣候變化作出應有貢獻。

（八）切實增進民生福祉，不斷提高社會建設水平。注重解民憂、紓民困，及時回應群眾關切，持續改善人民生活。

發展更加公平更高質量的教育。構建德智體美勞全面培養的教育體系。推動義務教育優質均衡發展和城鄉一體化，加快補齊農村辦學條件短板，健全教師工資保

政府工作報告
2021年民生承諾

有序推進疫苗研製和加快免費接種

確保基本民生支出只增不減

優化和落實減稅政策，將小規模納稅人增值稅起徵點從月銷售額10萬元提高到15萬元

完成職業技能提升和高職擴招三年行動目標

企業和群眾經常辦理的事項今年要基本實現「跨省通辦」

中小企業寬帶和專線平均資費再降10%

保障小店商舖等便民服務業有序運營

新開工改造城鎮老舊小區5.3萬個

保障農產品市場供應和價格基本穩定

啟動農村人居環境整治提升五年行動

保障農民工工資及時足額支付

完善普惠性學前教育保障機制支持社會力量辦園

居民醫保和基本公共衛生服務經費人均財政補助標準分別再增加30元和5元

解決好大城市住房突出問題盡最大努力幫助新市民、青年人等緩解住房困難

提高退休人員基本養老金優撫對象撫恤和生活補助標準

障長效機制，改善鄉村教師待遇。進一步提高學前教育入園率，完善普惠性學前教育保障機制，支持社會力量辦園。鼓勵高中階段學校多樣化發展，加強縣域高中建設。增強職業教育適應性，深化產教融合、校企合作，

深入實施職業技能等級證書制度。辦好特殊教育、繼續教育，支持和規範民辦教育發展。分類建設一流大學和一流學科，加快優化學科專業結構，加強基礎學科和前沿學科建設，促進新興交叉學科發展。支持中西部高等教育發展。加大國家通用語言文字推廣力度。發揮在線教育優勢，完善終身學習體系。倡導全社會尊師重教。深化教育評價改革，健全學校家庭社會協同育人機制，規範校外培訓。加強師德師風建設。在教育公平上邁出更大步伐，更好解決進城務工人員子女就學問題，高校招生繼續加大對中西部和農村地區傾斜力度，努力讓廣大學生健康快樂成長，讓每個孩子都有人生出彩的機會。

推進衛生健康體系建設。堅持預防為主，持續推進健

〔延伸閱讀〕

中醫藥振興發展重大工程

中醫藥學凝聚著深邃的哲學智慧和中華民族幾千年的健康養生理念及其實踐經驗，是中國古代科學的瑰寶，也是打開中華文明寶庫的鑰匙。深入研究和科學總結中醫藥學對豐富世界醫學事業、推進生命科學研究具有積極意義。2016 年 12 月 25 日，中華人民共和國第十二屆全國人民代表大會常務委員會第二十五次會議通過《中華人民共和國中醫藥法》，自 2017 年 7 月 1 日起施行。該法旨在繼承和弘揚中醫藥，保障和促進中醫藥事業發展，保護人民健康。2021 年 2 月 5 日，全國衛生健康工作會議提出，深入開展愛國衛生運動，加強重大疾病防治，持續改善醫療服務，實施中醫藥振興發展重大工程。

加強全科醫生和鄉村醫生隊伍
建設，提升縣級醫療服務能力，
加快建設分級診療體系

2021年
政府工作報告

徐駿／作　新華社發

康中國行動，深入開展愛國衛生運動，深化疾病預防控
制體系改革，強化基層公共衛生體系，創新醫防協同機
制，健全公共衛生應急處置和物資保障體系，建立穩定
的公共衛生事業投入機制。加強精神衛生和心理健康服
務。深化公立醫院綜合改革，擴大國家醫學中心和區域醫
療中心建設試點，加強全科醫生和鄉村醫生隊伍建設，
提升縣級醫療服務能力，加快建設分級診療體系。堅持中
西醫並重，實施中醫藥振興發展重大工程。支持社會辦
醫，促進「互聯網＋醫療健康」規範發展。強化食品藥
品疫苗監管。優化預約診療等便民措施，努力讓大病、急
難病患者儘早得到治療。居民醫保和基本公共衛生服務經
費人均財政補助標準分別再增加 30 元和 5 元，推動基本

醫保省級統籌、門診費用跨省直接結算。建立健全門診共濟保障機制，逐步將門診費用納入統籌基金報銷，完善短缺藥品保供穩價機制，採取把更多慢性病、常見病藥品和高值醫用耗材納入集中帶量採購等辦法，進一步明顯降低患者醫藥負擔。

　　保障好群眾住房需求。堅持房子是用來住的、不是用來炒的定位，穩地價、穩房價、穩預期。解決好大城市住房突出問題，通過增加土地供應、安排專項資金、集中建設等辦法，切實增加保障性租賃住房和共有產權住房供給，規範發展長租房市場，降低租賃住房稅費負擔，盡最大努力幫助新市民、青年人等緩解住房困難。

〔延伸閱讀〕

第三支柱養老保險

　　養老三支柱是指能夠同時提供儲蓄、再分配以及保險三個功能的養老保險體系。第一支柱是公共支柱，採用現收現付制，由當期工作人口納稅融資支付給當期的退休人口作為養老金。中國的養老第一支柱是由政府主導建立的基本養老保險，主要包括職工養老保險和居民養老保險。第二支柱則是由企業和個人共同繳費的職業養老金計劃，包括企業年金和職業年金。第三支柱是基於個人意願和完全積累制的個人養老儲蓄計劃，可為需要更多支付的人提供追加性保障。目前主要是個人儲蓄型養老保險和商業養老保險，未來可能分為由銀行提供銀行理財產品，證券提供基金產品，保險提供商業養老保險產品。

　　加強基本民生保障。提高退休人員基本養老金、優撫對象撫恤和生活補助標準。推進基本養老保險全國統籌，規範發展第三支柱養老保險。完善全國統一的社會保險公共服務平台。加強軍人軍屬、退役軍人和其他優撫對象優待工作，健全退役軍人工作體系和保障制度。繼續實施失業保險保障擴圍政策。促進醫養康養相結合，穩步推進長期護理保險制度試點。發展普惠型養老服務和互助性養老。發展嬰幼兒照護服務。發展社區養老、托幼、用餐、保潔等多樣化服務，加強配套設施和無障礙設施建設，實施更優惠政策，讓社區生活更加便利。完善傳統服務保障措施，為老年人等群體提供更周全更貼心的服務。推進智能化服務要適應老年人、殘疾人需

王滬寧：旗幟鮮明講政治，提高政治判斷力、政治領悟力、政治執行力

〔名詞解釋〕

偉大抗疫精神

　　在同新冠肺炎疫情的殊死較量中，中國人民和中華民族以敢於鬥爭、敢於勝利的大無畏氣概，鑄就了生命至上、舉國同心、捨生忘死、尊重科學、命運與共的偉大抗疫精神。它同中華民族長期形成的特質稟賦和文化基因一脈相承，是愛國主義、集體主義、社會主義精神的傳承和發展，是中國精神的生動詮釋，豐富了民族精神和時代精神的內涵。

求，並做到不讓智能工具給他們日常生活造成障礙。健全幫扶殘疾人、孤兒等社會福利制度，加強殘疾預防，提升殘疾康復服務質量。分層分類做好社會救助，及時幫扶受疫情災情影響的困難群眾，堅決兜住民生底線。

更好滿足人民群眾精神文化需求。培育和踐行社會主義核心價值觀，弘揚偉大抗疫精神和脫貧攻堅精神，推進公民道德建設。繁榮新聞出版、廣播影視、文學藝術、哲學社會科學和檔案等事業。加強互聯網內容建設和管理，發展積極健康的網絡文化。傳承弘揚中華優秀傳統文化，加強文物保護利用和非物質文化遺產傳承，建設國家文化公園。推進城鄉公共文化服務體系一體建設，創新實施文化惠民工程，倡導全民閱讀。深化中外人文交流。完善全民健身公共服務體系。精心籌辦北京冬奧會、冬殘奧會等綜合性體育賽事。

加強和創新社會治理。夯實基層社會治理基礎，健全城鄉社區治理和服務體系，推進市域社會治理現代化試點。加強社會信用體系建設。大力發展社會工作，支持社會組織、人道救助、志願服務、公益慈善發展。保障婦女、兒童、老年人、殘疾人合法權益。繼續完善信訪制度，推進矛盾糾紛多元化解。加強法律援助工作，啟動實施「八五」普法規劃。加強應急救援力量建設，提高防災

減災抗災救災能力，切實做好洪澇乾旱、森林草原火災、地質災害、地震等防禦和氣象服務。完善和落實安全生產責任制，深入開展安全生產專項整治三年行動，堅決遏制重特大事故發生。完善社會治安防控體系，常態化開展掃黑除惡鬥爭，防範打擊各類犯罪，維護社會穩定和安全。

　　各位代表！

　　面對新的任務和挑戰，各級政府要增強「四個意識」、堅定「四個自信」、做到「兩個維護」，自覺在思想上政治上行動上同以習近平同志為核心的黨中央保持高度一致，踐行以人民為中心的發展思想，不斷提高政治判

趙樂際出席十九屆中央第六輪巡視工作動員部署會

斷力、政治領悟力、政治執行力，落實全面從嚴治黨要求。扎實開展黨史學習教育。加強法治政府建設，切實依法行政。堅持政務公開。嚴格規範公正文明執法。依法接受同級人大及其常委會的監督，自覺接受人民政協的民主監督，主動接受社會和輿論監督。強化審計監督。支持工會、共青團、婦聯等群團組織更好發揮作用。深入推進黨風廉政建設和反腐敗鬥爭，鍥而不捨落實中央八項規定精神。政府工作人員要自覺接受法律監督、監察監督和人民監督。加強廉潔政府建設，持續整治不正之風和腐敗問題。

中國經濟社會發展已經取得了輝煌的成就，但全面實現現代化還有相當長的路要走，仍要付出艱苦努力。必須立足社會主義初級階段基本國情，著力辦好自己的事。要始終把人民放在心中最高位置，堅持實事求是，求真務實謀發展、惠民生。要力戒形式主義、官僚主義，切忌在工作中搞「一刀切」，切實為基層鬆綁減負。要居安思危，增強憂患意識，事不畏難、責不避險，有效防範化解各種風險隱患。要調動一切可以調動的積極因素，推進改革開放，更大激發市場主體活力和社會創造力，用發展的辦法解決發展不平衡不充分問題。要擔當作為，實幹苦幹，不斷創造人民期待的發展業績。

各位代表！

汪洋出席全國政協民宗委主題協商座談會

我們要堅持和完善民族區域自治制度，全面貫徹黨的民族政策，鑄牢中華民族共同體意識，促進各民族共同團結奮鬥、共同繁榮發展。全面貫徹黨的宗教工作基本方針，堅持我國宗教的中國化方向，積極引導宗教與社會主義社會相適應。全面貫徹黨的僑務政策，維護海外僑胞和歸僑僑眷合法權益，更大凝聚中華兒女共創輝煌的磅礴力量。

過去一年，國防和軍隊建設取得新的重大成就，人民軍隊在維護國家安全和疫情防控中展示出過硬本領和優良

作風。新的一年，要深入貫徹習近平強軍思想，貫徹新時代軍事戰略方針，堅持黨對人民軍隊的絕對領導，嚴格落實軍委主席負責制，聚焦建軍一百年奮鬥目標，推進政治建軍、改革強軍、科技強軍、人才強軍、依法治軍，加快機械化信息化智能化融合發展。全面加強練兵備戰，統籌應對各方向各領域安全風險，提高捍衛國家主權、安全、發展利益的戰略能力。優化國防科技工業佈局，完善國防動員體系，強化全民國防教育。各級政府要大力支持國防和軍隊建設，深入開展「雙擁」活動，譜寫魚水情深的時代華章。

各位代表！

我們要繼續全面準確貫徹「一國兩制」、「港人治港」、「澳人治澳」、高度自治的方針，完善特別行政區同憲法和基本法實施相關的制度和機制，落實特別行政區維護國家安全的法律制度和執行機制。堅決防範和遏制外部勢力干預港澳事務，支持港澳發展經濟、改善民生，保持香港、澳門長期繁榮穩定。

我們要堅持對台工作大政方針，堅持一個中國原則和「九二共識」，推進兩岸關係和平發展和祖國統一。高度警惕和堅決遏制「台獨」分裂活動。完善保障台灣同胞福祉和在大陸享受同等待遇的制度和政策，促進海峽兩岸交

流合作、融合發展，同心共創民族復興美好未來。

我們要堅持獨立自主的和平外交政策，積極發展全球夥伴關係，推動構建新型國際關係和人類命運共同體。堅持開放合作，推動全球治理體系朝著更加公正合理的方向發展。持續深化國際和地區合作，積極參與重大傳染病防控國際合作。中國願同所有國家在相互尊重、平等互利基礎上和平共處、共同發展，攜手應對全球性挑戰，為促進世界和平與繁榮不懈努力！

各位代表！

重任在肩，更須砥礪奮進。讓我們更加緊密地團結在以習近平同志為核心的黨中央周圍，高舉中國特色社會主義偉大旗幟，以習近平新時代中國特色社會主義思想為指導，齊心協力，開拓進取，努力完成全年目標任務，以優異成績慶祝中國共產黨百年華誕，為把我國建設成為富強民主文明和諧美麗的社會主義現代化強國、實現中華民族偉大復興的中國夢不懈奮鬥！

李克強
政府工作報告
完整視頻

李克強
答中外記者問
完整視頻

2020 年
《政府工作報告》
量化指標任務
完成情況

一圖讀懂
2021 年
《政府工作報告》

視頻索引

書　　名　圖解 2021 中國「政府工作報告」

出　　版　三聯書店（香港）有限公司

香港北角英皇道 499 號北角工業大廈 20 樓

Joint Publishing (H.K.) Co., Ltd.

20/F., North Point Industrial Building,

499 King's Road, North Ponit, Hong Kong

香港發行　香港聯合書刊物流有限公司

香港新界荃灣德士古道 220-248 號 16 樓

印　　刷　美雅印刷製本有限公司

香港九龍觀塘榮業街 6 號 4 樓 A 室

版　　次　2021 年 4 月香港第一版第一次印刷

規　　格　特 16 開（150 × 210mm）72 面

國際書號　ISBN 978-962-04-4809-6

本書由人民出版社授權出版，僅限中國大陸以外地區銷售。